Gatore and her parents visit Burundi

Gatore n'abavyeyi biwe bagiye gutembera i Burundi

by Lionel Kubwimana
Illustrated by Didier Mekontso

Ndakunda Ikirundi

One beautiful afternoon, Gatore and her parents were preparing to travel to a country in Africa called Burundi.

Gatore had never been to Burundi before but that was where her mummy and daddy were from.

«Are you ready to go?» Her mother asked when it was time to get on the plane.

Gatore was a little nervous.

Umunsi umwe, ku muhingamo, Gatore n'abavyeyi biwe bariko bitegurira urugendo rugana igihugu co muri Afurika citwa Uburundi.

Gatore ntiyari bwigere agenda i Burundi ariko abavyeyi biwe niyo bari baravukiye.

Bugingo hageze kwurira indege, nyina wa Gatore amubaza ati : "Wumva witeguye gufata urugendo ?"

Yamara Gatore, yumva afise akoba.

She wasn't sure she would like Burundi very much.

Muri we yumva atazi neza ko azoshimishwa cane n'Uburundi.

«I want to get some snacks,» she said.

Gatore avuga ati : "Nshaka ibisuguti".

When she got up, two bags of snacks fell out of her pocket.

Gatore ahagurutse, udusaho tubiri tw'ibisuguti turwa hasi tuvuye mu mufuko wiwe.

«Oops,» Gatore said and her father laughed. «You already have snacks, why do you want more?» he asked her.

Gatore ati: "oops". Se amubaza ati : "Usanzwe ufise ibisuguti. Kubera iki ushaka ibindi ?"

«Well, what if I don't like the food there?» Gatore replied.

Gatore yishura ati : "None, nintakunda imfungurwa za hariya naho bizogenda gute ?"

Her father hugged her. "Oh Gatore, I am sure you will like the food." Mummy and I grew up there, remember?

"Oh Gatore. Nsinkekeranya ko uzokunda imfungurwa zaho. Kandi twebwe abavyeyi bawe niho twakuriye. Mbega ivyo uravyibuka ?"

The food is very yummy» he said.

Se arongera ati : "Imfungurwa zaho ziraryoshe cane"

Gatore smiled as they left for the plane.

Gatore araheza aramwenyura bugingo bariko barinjira mu ndege.

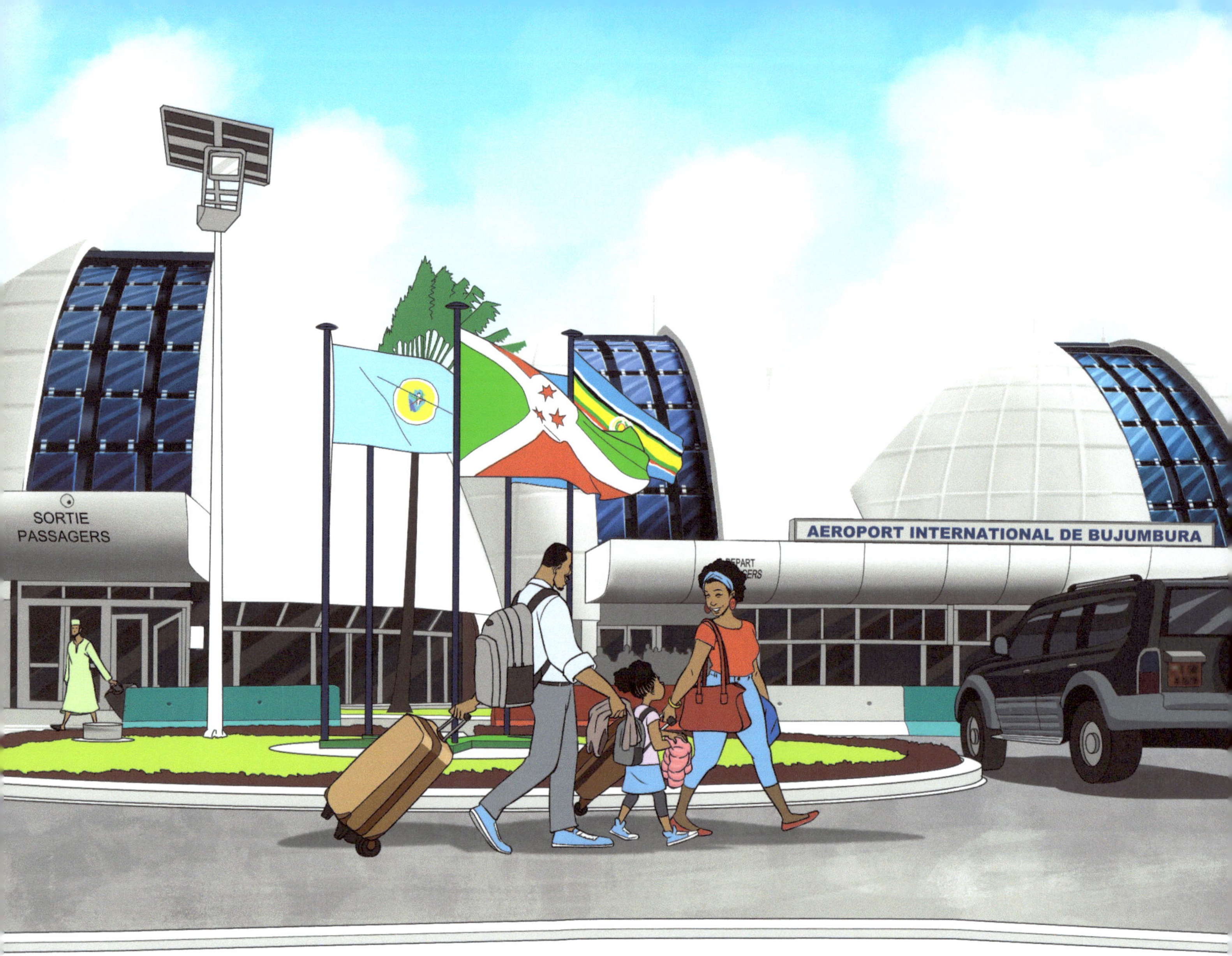

When Gatore and her family arrived in Burundi they had to take their jacket off.

It was pretty hot.

«It's summer over here,» She said and her mother giggled.

Gatore n'abavyeyi biwe bashitse i Burundi, baciye bambura imipira y'imbeho bari bambaye.

Hari hashushe cane.

Gatore aratangara ati : "Mbega hano ici riza ryaratanguye ? ". Nyina aratwenga

They left the airport and went to her grandparent's house.

There she met her grandma and grandpa. She also got to meet her dads' brother and sister.

They were all very happy to finally meet her.

Bavuye ku kibuga c'indege baciye bagenda kwa Sekuru wa Gatore.

Araheza abonana na inakuru, sekuru, ba inasenge na ba sewabo.

Bose barahimbarwa cane no kumubona.

Gatore met her cousins too. Her favorite was Keza.

«Do you want to see what I have planned for your holiday?» Keza asked and Gatore nodded yes.

The two girls ran into the dining room and Keza showed Gatore the plans of all the places she wanted them to go». Gatore was very excited!

Gatore yarabonanye kandi na bavyarawe. Uwo yakunze kuruta abandi yari Keza.

Keza aramubaza ati : "Urashaka ko nkwereka ivyo naguteguriye muri buno buruhuko?". Gatore aremera.

Bompi baca birukira mu nzu mu kibanza c'uburiro. Maze Keza yereka Gatore ibibanza vyose yipfuza ko bazoja gutemberera.

The next morning grandma made a delicious porridge for breakfast but Gatore didn't want to try it. It was very different from what she would eat at home.

Bukeye, mu gitondo, inakuru yari yateguye umusururu uryoshe cane ariko Gatore ntiyawushaka. Ntiwari umeze nkuwo yari asanzwe amenyereye.

She had some cereal she brought along in her bag.

Gatore yari afise imfungurwa yari yizaniye mw'i sakoshe yiwe.

«Will you try my porridge? It's yummy.» her grandma said but Gatore shook her head.

Inakuru amubwira ati: "Wogerageza ukumviriza umusururu nateguye ? uraryoshe cane". Yamara Gatore azunza umutwe, ikimenyetso co kwanka.

«Maybe another time,» she said.

Gatore araheza avuga ati: "Ngira nzogerageza uyundi munsi."

A few hours after breakfast her cousin Keza arrived. The first place to visit was the market.

Haheze amasaha make bahejeje gufungura, muvyarawe Keza aca arashika. Ikibanza ca mbere co gutembera yari isoko.

Gatore and her parents joined Keza in a taxi and they went straight there. On their way, Gatore's mother saw one of her favorite doughnuts, so they stopped for some.

Gatore, abavyeyi biwe na Keza burira taxi baganayo. Ku nzira, nyina wa Gatore aca abona ibitumbura yakunda cane baca barahagarara.

She bought some and asked Gatore if she wanted any. «Ermm, maybe later,» Gatore said and turned away.

Aca agura bike yongera arazanira Gatore aramubaza nimba abishaka. Gatore arahindukira avuga: "Ngira ndagerageza hanyuma."

Gatore had an amazing time shopping with Keza. They tried on clothes, ran around the market and the girls bought some pretty matching necklaces.

Gatore yarakunze cane akanya bamaranye na Keza bariko baragura impuzu. Barigeze nyinshi, barazunguruka isoko hama bagura ibidede vyiza bisa.

When it was lunchtime they wanted to go to a restaurant. Gatore saw from afar that they were making her favorite fast food (burgers) and was very excited.

«Can we eat from here?» she asked her parents. Before they could reply Keza held her hand.

Hageze kwivuna umusase, baraheza barondera aho babafungurira. Gatore abonera kure aho badandaza ama 'burgers' kimwe mu biribwa yakunda cane, maze araryoherwa.

Gatore aca abaza abavyeyi biwe: "Turashobora gufungura ngaha ?". Imbere yuko abavyeyi biwe bishura, Keza amufata ukuboko.

«I know a place with better food,» she said and led them to a nice local food restaurant.

Amubwira ati: "ndazi ikindi kibanza bafise imfungurwa nziza". Aca abatwara mu nzu y'uburiro bw'ibifungurwa kama.

She ordered fufu, isombe, and meat for everyone.

Yaciye atumako ubutsima, isombe hamwe n'inyama.

When the food came Gatore did not want to eat it. «Gatore, if you try it and don't like it I will go and buy you the food you asked for,» her father said. Gatore nodded yes.

Imfungurwa zishitse Gatore ntiyashatse gufungura. Se araheza amubwira ati : "Gatore, niwagerageza hama ntubikunde, nca ngenda nkugurire ivyo wasavye". Gatore aremera.

She also saw how Keza was enjoying the meal and tried it. «Wow, it's really good!» Gatore screamed with a happy laugh!

Gatore yarabona kandi ingene Keza ariko afungurana akayabagu ivyo babahaye, niko kugerageza nawe. Gatore uratangara, akoma akaruru yongera aratwenga, yikugura avuga ati : "Yebabawe. Ko biryoshe cane !".

Everyone laughed with her and watched as she finished her plate. Her parents could not believe it, and were so proud of her for trying something new!

Bose baratwenga bongera baraba ingene aheza ivyari kw'isahani yiwe. Abavyeyi biwe baratangara cane kandi baranezerwa ko yagerageje imfungurwa atamenyereye.

Since then Gatore tried every Burundian food she was offered and loved it all.

Kuva ubwo Gatore yarahonjeje ubwoko bwinshi bw'imfungurwa z'i Burundi bamuzimana kandi atako arazikunda.

After the planned month in Burundi, they started to prepare for their trip back.

Ikirungo c'ukwezi bari bategekanije kumara i Burundi kirangiye, niho batangura kwitegurira urugendo rwo gutahuka.

When her mother was packing her bags she saw all the snacks Gatore brought. «Would you like that I pack the snacks you brought when we came here ?» she started teasing her.

Nyina wa Gatore araheza atangura kwegeranya impuzu n'utundi. Niko kurwa ku bisuguti Gatore yari yaje yitwaje. Nyina aca amucokoza ati: "Mbega ndagutekerere bino bisuguti waje utekeye tukiza ?"

"Not at all. Instead, can you please pack some doughnuts from Burundi? They are very yummy. I am sure that I will miss them."

Gatore nawe ati: "Ishwi da ! Ahubwo ntekerera ibitumbura vy'i Burundi. Numvise biryoshe cane. Kandi nzobikumbura.

And they all laughed.

Bose baca baraduka baratwenga.

Now it is your time to color how you will see Gatore's journey in Burundi !

Picture 1

Picture 2

Picture 3

Picture 4

Picture 5

Access the audio recording of the story by scanning this QR code.

Loi n° 49-956 du 16 juillet 1949 sur les publications destinées à la jeunesse.
Dépôt légal : Août 2021
ISBN 978-2-492960-08-6
Imprimé à la demande par Amazon

www.ingramcontent.com/pod-product-compliance
Ingram Content Group UK Ltd.
Pitfield, Milton Keynes, MK11 3LW, UK
UKHW060114300726
14090UKWH00002B/190
* 9 7 8 2 4 9 2 9 6 0 0 8 6 *